HEN IEITHOEDD DIFLANEDIG

MIHANGEL MORGAN

Cyhoeddiadau
barddas

ⓗ Mihangel Morgan / Cyhoeddiadau Barddas ©

Argraffiad cyntaf: 2018

ISBN 978-1-911584-20-9

Cyhoeddwyd gan Gyhoeddiadau Barddas.

Cyhoeddwyd gyda chymorth ariannol
Cyngor Llyfrau Cymru.

Argraffwyd gan Y Lolfa, Tal-y-bont.

Dyluniwyd gan Olwen Fowler.

CYNNWYS

tudalen

9	Rhagair
14	Dolly Pentreath
17	Tef-ffic Esens
19	Ishi
21	Roscinda Nolasquez
23	Tuone Udaina
26	Fidelia Fielding
29	Armand Lunel
31	Marie Smith Jones
35	Asgwrn y Gynnen
38	Big Bill Neidjie
40	Viktors Bertholds
43	Shanawdithit
46	Walter Sutherland
49	William Rozario
52	Eleanor Karran
54	Tommy Leece
56	Harry Boyde
58	John Kneen
60	Sage Kinvig
62	Ned Maddrell

A geiriau bach hen ieithoedd diflanedig,

Hoyw yng ngenau dynion oeddynt hwy,

A thlws i'r glust ym mharabl plant bychain,

Ond tafod neb ni eilw arnynt mwy.

'Cofio', Waldo Williams

RHAGAIR

Afraid dweud, meddwl am hen hen ieithoedd cynhanesyddol
a dienw roedd Waldo, fe ymddengys, yn ei gerdd 'Cofio', ond
ieithoedd sydd wedi dod i ben yn gymharol ddiweddar fel
cyfrwng mynegiant cymdeithasol a chymunedol sydd wedi
mynd â'm bryd yn y cerddi yn y gyfrol hon.

Bu farw'r hen Dolly Pentreath, a hithau'n greadures
chwedlonol, bron, yn niwedd y ddeunawfed ganrif, mae'n
wir, a bu farw Shanawdithit druan yn 1829 a Walter Sutherland
yn 1850 a Tuone Udaina yn 1898. Ond perthyn y gweddill i'r
ugeinfed ganrif a rhai hyd yn oed i'r unfed ganrif ar hugain.
Bu farw'r diweddaraf yn 2010.

Wrth i mi fyfyrio ar y testun hwn fe geisiais ddewis ieithoedd a
fu ar un adeg yn weddol gryf gyda chylchrediad lled eang. Ond
roedd enghreifftiau a gydymffurfiai â'r diffiniad cyfyng hwn yn
brin. Ceir peth llenyddiaeth ysgrifenedig yn Ubych, Dalmatieg,
Lifonaeg, Cernyweg, Manaweg ac un neu ddwy enghraifft arall,
ac roedd gan rai o'r rhain statws swyddogol. Ar y llaw arall, ceir
digonedd o enghreifftiau o ieithoedd a siaredid gan lwythau
bychain sydd wedi claddu eu cynrychiolwyr olaf yn ddiweddar,
ac mae nifer o ieithoedd i'w cael yn awr gyda dim ond dyrnaid o
siaradwyr ar ôl; ieithoedd sydd, mewn geiriau eraill, yn wynebu
tranc yn ein dydd ni ac yn marw o flaen ein llygaid, fel petai.

Ni ddymunwn lenwi'r gyfrol gyda storïau o'r fath, felly ceir dwy neu dair yn unig er mwyn cynrychioli'r sefyllfa druenus gyffredin. Efallai na ddylid sôn am iaith yn marw, sydd yn drosiad beth bynnag, eithr am siaradwyr yn marw, gan fod sawl iaith ymhlith y rhain yn cael eu siarad unwaith yn rhagor; Cernyweg a Manaweg yw'r enghreifftiau amlycaf.

Prin, mewn gwirionedd, yw fy ngwybodaeth am yr unigolion hanesyddol a enwir yn y cerddi hyn a chyfaddefaf mai ychydig o ymchwil a wnes i arnyn nhw. Roedd hyn yn fwriadol. Nid dweud hanes y rhai hyn na hanes eu hieithoedd na'u diwylliannau oedd f'amcan. Roedd yn well gen i ddychmygu'u bywydau a'u teimladau. Mewn ffordd, felly, ffuglen a storïau byrion wedi'u hysbrydoli gan ambell fanylyn yn unig sydd yn y cerddi hyn. Ac yn anochel, felly, mae'r Manawyr a'r brodorion gwreiddiol hyn yn Awstralia ac America a rhannau diarffordd o Ewrop â thinc Cymreig yn perthyn i'w mynegiant a'u ffordd o feddwl. Wedi'r cyfan, am Gymru ac amdanom ni'r Cymry yn awr roeddwn i'n meddwl.

Dolly Pentreath
1692–1777

Cernyweg
Manaweg
Creol
Cochin Indo-Portiwgaeg
Nora
Beothuc
Lefoneg
Gaagaju
Gawudyu

Cernyweg

Yn 1768, ar ymweliad â Chernyw, chwiliodd yr ieithydd Daines Barrington (1727/28–1800) am rai a allai siarad yr iaith. Dolly Pentreath (a fu farw yn 1777) oedd yr unig un iddo'i nodi 'who could speak Cornish very fluently'. Ond yna yn 1797 clywodd yr hanesydd Richard Polwhele (1760–1838) fod dyn o'r enw William Bodinar yn arfer siarad â Dolly yn yr iaith am oriau. Ceir tystiolaeth hefyd am eraill a allai siarad peth Cernyweg flynyddoedd lawer wedi marwolaeth Dolly. Mae'r iaith wedi cael ei hadfer i raddau.

DOLLY PENTREATH

1692–1777

O oedd, roedd hi'n gallu rhegi
A chlebran am y tywydd,
Hel clecs, rhifo ychydig am wn i,
Ac adrodd ambell i weddi, efallai.

Ydw, rwy'n cofio'r boneddigion yn dod i'r pentre
Lawr y twyn. Roedd hi'n wlyb, os cofiaf yn iawn,
Smwclaw, ta beth.
Roedd y pentre'n iach bryd 'ny
A dieithriaid yn brin.

Ond dywedodd hi anwiredd
Wrth y gŵr bonheddig hwnnw:
Taw hyhi oedd yr unig un ar ôl yn y fro
A allai wilia'r hen iaith.

Deuai'r hen Wil, slawer dydd, i gael clonc
Gyda hi o bryd i'w gilydd
Gan hel atgofion. Ymunwn innau gyda nhw
Pe bawn i yn yr iawn hwyl.

Fe deimlwn beth cywilydd,
Rhaid cyfaddef, gan fod rhai o'n cymdogion
Yn meddwl ei bod hi'n dwp
Yn parablu fel'na yn lle siarad Saesneg yn iawn.

Ond roedd digon o'r iaith honno gyda hi,
Wa'th roedd hi'n forwyn i deulu mawr, crand,
A chafodd ei phortread ei beintio, medden nhw.
Welais i mo'r llun. Het bocs a sgidiau gwaith oedd hi.

Y fi 'wedodd wrth yr ymwelydd
Fod Doli wedi'i felltithio ac wedi'i regi
Am iddo awgrymu nad oedd hi'n wilia'r hen iaith yn iawn.
Oedd, roedd hi'n gallu rhegi.

Ubych

Tevfik Esenç (1904–1992) oedd siaradwr olaf yr iaith Ubych a siaredid yn Nhwrci. Roedd yn burydd ac yn ieithydd. Ar ei garreg fedd ceir yr arysgrifiad:

Dyma fedd Tevfik Esenç.
Efe oedd y person olaf a allai
siarad yr iaith a elwir Ubych.

Ubych Yana Cupeño Dalmatieg Mohegan-Pequot Shuadit Eyac Ayapaneco/Nuumte Oote

TEF-FFIC ESENS

1904–1992

Ystafelloedd gweigion
Yw'r rhagenwau personol lluosog,
Ffenestri gweili heb yr un cwarel
Yw priod-ddulliau.

Ceir noddfa mewn enwau,
Seintwar yw ansoddeiriau
Mewn diffeithdir wedi'i boblogi
Gan fabelwyr anghyfiaith.

Yma ym murddun fy iaith
Codaf gaer o rediadau berfol
A thwr o arddodiaid yn erbyn f'unigrwydd,
Gyda phob bricsen yng nghastell f'hunaniaeth
Cynhaliaf ymgom â mi fy hun
Ar dâp, yn absenoldeb amgenach cwmni.

Crwydraf o neuadd i neuadd
Drwy balas ysblennydd fy ngramadeg
Heb gwrdd â neb.

Yana

Trigai llwyth yr Yana yng
ngogledd-ganol Califfornia.
Ishi – sy'n golygu 'dyn' yn
yr iaith – oedd yr olaf o'r
llwyth a ddiddymwyd drwy
hil-laddiad yn y bedwaredd
ganrif ar bymtheg. Bu farw
Ishi yntau yn 1916. Gwnaed
ffilm am ei fywyd, *Ishi:
The Last of his Tribe* (1978).

Yana   Cupeño   Dalmatieg   Mohegan-Pequot   Shuadit   Eyac   Ayg9aneco/Nuumte Oote   Gaagu

ISHI

c. 1860–1916

Derbyniodd Ishi ddatguddiad
Oddi wrth ei fam, ei chwiorydd, ei frodyr a'i dad
A'i berthnasau i gyd,
Ei gymdogion a'i ffrindiau ers llawer dydd, ei hynafiaid –
Yn wir, cyfunwyd holl leisiau'r rhai
Yr hiraethai ef gymaint amdanynt.
A hyfryd a phersain i'w glustiau
Oedd eu geiriau,
Ac er mawr lawenydd iddo,
Cafodd ei gyfarch wrth ei enw go iawn ei hun
Am y tro cyntaf ers blynyddoedd,
Ac atgyfodwyd ynddo'r hen chwedlau a'r caneuon,
A distyllwyd holl ddoethineb yr oesoedd
Er mwyn ei drosglwyddo'n gryno gyfewin
I'r union rai a laddodd
Ei ewythredd, ei fodrybedd, ei gefndyr, ei gyfnitheroedd
Mewn cyflafan gyda ffyn tân
O flaen ei lygaid.
Ac fe gymathodd ef y cyfan
Gan ei ddysgu ar ei gof
Gyda'r haul a chyda'r lleuad,
Nes ei fod yn barod
I annerch y Dyn Gwyn
Yn iaith yr Yahi.

Cupeño

Llwyth o dde Califfornia yw'r
Cupeño. Roscinda Nolasquez
(1892–1987) oedd yr olaf a
allai siarad yr iaith yn rhugl.
Yn niwedd ei hoes gwnaeth
ymdrech i gadw ac i gofnodi'r
iaith gan gydweithio ag
ysgolheigion.

Cupeño Dalmatieg Mohegan-Pequot Shuadit Eyac Ayapaneco/Nuumte Oote Gaagudju Lilʼtuʼ

ROSCINDA NOLASQUEZ

1892–1987

Bob bore mae hi'n chwynnu'i gardd fach,
Yna rydyn ni'n mynd ati i gael gwersi.
Mae hi'n dysgu hen ganeuon i ni.
Mae hi'n athrawes dda, er nad yw hi'n iach.

Yn y prynhawn, os yw hi'n braf,
Mae hi'n eistedd yn ei chadair siglo
O flaen ei bwthyn yn gwylio
Pawb sy'n pasio. Mae'n ddigon cryf.

Mae'n falch o'i chartref, nad yw'n balas –
Dim ond cwt yw e, wedi'i beintio'n oren –
Mae hi'n licio ffroes gyda sirop a hufen.
Gyda'r hwyr mae'n gwylio *Dallas*.

Dalmatieg

Iaith Románs a siaredid yn
Nalmatia (Croatia heddiw)
yw'r Ddalmatieg ac ar un adeg
hon oedd iaith swyddogol
Gweriniaeth Ragusa. Tuone
Udaina (1823–1898) oedd
y person olaf â gwybodaeth
o'r iaith a ddysgasai wrth
wrando ar ei rieni. Cymerwyd
cofnodion ohono'n siarad gan
yr ieithydd Matteo Bartoli yn
1897. Gweithiai Udaina fel
dyn post ac fel torrwr beddau
neu fel clochydd. Rhoddwyd
iddo'r llysenw 'Burbur' a olygai
grwgnachlyd/cwynfanllyd yn
Nalmatieg. Bu farw mewn
damwain yn 1898.

Dalmatieg   Mohegan-Pequot   Shuadit   Eyac   Ayapaneco/Nuumte Oote   Gaagudju   Lifonaeg

TUONE UDAINA

1823–1898

(yr ieithydd, Matteo Bartoli, sy'n siarad drwy'r darn hwn)

Dim ond drwy hap y des i gysylltiad ag ef,
Cael a chael oedd hi.
'Mae gan ein torrwr beddau,' meddai rhywun,
Dwi ddim yn cofio pwy nawr,
'Fwy na chrap ar yr hen iaith.'
Burbur oedd ei lysenw yn y dref,
A gweithiai hefyd fel postmon ar long.
A dweud y gwir âi o jobyn i jobyn,
Gan weithio yn ôl y galw, yn dipyn o Wil Naw Crefft,
Er mwyn ennill ei damaid,
Er ei fod yn tynnu am ei bedwar ugain ar y pryd.
Gŵr main, cefnsyth, digon sionc am ei oedran,
Ond digon cyffredin,
Feiddiwn ei alw'n ddi-nod,
A doedd ganddo ddim ymwybyddiaeth ieithyddol
Heb sôn am hyfforddiant na dealltwriaeth ffilolegol,
Prin iawn oedd ei addysg a dweud y gwir.
Yna fe ddechreuais ei holi.
Doedd e ddim wedi yngan gair o'r iaith
Ers gwell nag ugain mlynedd, meddai ef.
'O ydw,' meddai, 'dwi'n cofio'r hen eiriau.
Maen nhw'n dechrau dod yn ôl nawr.'

Fel petai'n rhyfeddod iddo,
Ac roedd e'n synnu bod unrhyw werth
Neu arbenigrwydd i'w wybodaeth brin.
Roedd y gwaith yn mynd yn ei flaen yn o lew.
Bydden ni'n cwrdd unwaith yr wythnos,
A byddwn i'n ei holi ac yn cymryd nodiadau,
Gan gofnodi ymadroddion a geiriau,
A'i ffordd o ddweud.
A bob yn dipyn bach
Roeddwn i'n dechrau ffurfio astudiaeth
Ddigon defnyddiol,
Er ei fod yn tueddu i grwydro a hel atgofion
Am ei fam a'i dad – tlodion,
Oedd yn arfer siarad yr iaith yn naturiol, meddai ef.
Ac yna, ar ganol ein tasg,
Fe glywais am ei ddamwain,
A'i ddiwedd disymwth.
Wrth lwc, mae gennyf sylfaen gadarn
Ar gyfer fy ngramadeg arfaethedig,
Fel y caf gario ymlaen gyda'r gwaith.
Ond, rhaid cyfaddef, mae'n fwy anodd nawr,
Heb ei lais.

Mohegan-Pequot

Dalmateg

Cupeño

Yana

Ubych

Cernyweg

Manaweg Cwot

Hiwraeg Cwot bavhmyt

Mohegan-Pequot

Fidelia Ann Hoscott Smith Fielding (1827–1908) neu Dji'ts Bud dnaca ('Aderyn yn Hedfan') oedd siaradwraig olaf iaith Algonciaidd Mohegan-Pequot, sef iaith a siaredid gynt gan frodorion ar arfordir dwyreiniol yr Unol Daleithiau (rhannau o New England a Long Island heddiw). Roedd hi'n hyddysg yn ei diwylliant a'i thraddodiadau a chadwai ddyddiaduron yn yr iaith.

FIDELIA FIELDING
neu Dji'ts Bud dnaca 'Aderyn yn Hedfan'
1827–1908

Cymerais i mi barot yn ddirprwy gyfaill,
Un digon lliwgar ei blu;
Coch y machlud ar hyd ei frest,
Melyn yr wy yn stribyn ar ei adenydd,
Ac ymylon ei adenydd yn las yn yr awyr iach,
A dysgu iddo fy hoff eiriau –
'Pobl', 'cynysgaeddu', 'gogoniant',
A'm hoff ymadroddion –
'Dwmbwl dambal',
'Tlawd a balch a byw mewn gobaith',
'Gwynt teg ar dy ôl',
Er mwyn eu clywed yn yr awyr eto.
Ond dim ond ailadrodd a wnâi'r parot
Heb ddealltwriaeth
A heb allu i gyfathrebu.
Ni all aderyn ddal pen rheswm,
Nid yw aderyn yn dweud dim sydd werth ei gofnodi
                                    mewn dyddiadur,
Ni all aderyn ymhelaethu a mynd ar hyd y perthi a'r caeau
Fel yr arferai'r hen bobl wneud wrth hel clecs;
'Wyt ti wedi clywed be ddigwyddodd i Beti?'
'Naddo. Beti chwaer Mati Pen Rhewl?'
'Nace, Beti Rhwng-y-ddwy-bont ...'

A finnau yn ysu am gael gwybod be ddigwyddodd i Beti –
O am gael Mam-gu a Bopa yn crwydro nawr!
Fe ddysgais y parot i ddweud –
'Iâr fach yr haf, Iâr fach yr haf,'
Ni allai neb syrffedu ar glywed 'Iâr fach yr haf'.
Ond ches i fawr o hwyl yn dysgu cerddi iddo –
'Mae gen-i dipyn o dŷ bach twt ...'
Dyna'r cyfan, a doedd dim hwyl ynddo.
Doedd dim hiraeth yn ei lais.

Afraid dweud na wn i beth oedd hoff eiriau Fidelia
Fielding yn yr iaith Mohegan na chwaith beth sydd yn
cyfateb i 'Mam-gu', 'Bopa', 'Iâr fach yr haf' ac yn y blaen
yn yr iaith honno; trosglwyddais y cyfan i'r Gymraeg.
Ni wn chwaith a gymerodd barot yn anifail anwes.

Shuadit

Iaith Ocsitanaidd-Iddewig
oedd hon. Ganed Armand
Lunel yn Aix-en-Provence yn
1892 a bu farw ym Monaco yn
1977. Roedd yn llenor Ffrengig
a luniodd *librettos* ar gyfer
cyfansoddiadau gan Darius
Milhaud ac Henri Sauguet.
Cyflwynwyd gwobr lenyddol
y Prix Renaudot iddo yn 1926.
Ond efe hefyd oedd siaradwr
olaf yr iaith Shuadit. Roedd
gan Lunel o leiaf un plentyn,
merch, gan i'w fab-yng-
nghyfraith lunio'i fywgraffiad.
Fe ymddengys, felly, na
throsglwyddodd ddim
o'r iaith iddi.

Shuadit Eyac Ayapaneco/Nuumte Oote Gaagudju Lifonaeg Beothuc Nozn Cochin Indo-Po

ARMAND LUNEL
1892–1977

Ffrancwr i'r carn oedd fy nhad,
Gŵr llên a cherddor a ymfalchïai yn ei wlad,
Ei iaith a'i ddiwylliant a'i ddealltwriaeth
O ieithoedd eraill; roedd e'n Lladinwr da gyda gwybodaeth
Ddefnyddiol o'r Hebraeg, yr Eidaleg
A chrap ar y Saesneg a pheth Almaeneg.
Ac roedd ganddo iaith arall a gadwai
Dan glo mewn cwpwrdd cornel mahogani
Yn y parlwr, ac ambell waith fe'i cymerai
Allan yn ofalus fel hen delyn werthfawr
Er mwyn ei chaboli a'i chwarae am awr
Neu ddwy, ac fe âi i hwyl, ei morio hi,
Ac yna ymrithiai o flaen ein llygaid ni
Ddieithryn estron drwy ryw weddnewidiad
Dirgel, prin ein bod ni'n ei adnabod.
Perthynai iddo ryw asbri gwerinol
Anghyfarwydd ond dymunol
Nad oedd yn rhan o'r Ffrancwr ffurfiol, cwrtais.
Newidiai ei symudiadau, ei wyneb, ei lais.
Yna fe'i rhoddai i gadw unwaith yn rhagor.
Anaml iawn y câi'r cwpwrdd ei agor.
A thrist oedd sŵn yr allwedd yn troi
Yn y cwpwrdd lle câi cymaint o'm tad ei gloi.

Eyac

Gyda marwolaeth Marie
Smith Jones yn 2008 (udAch'
k'uqAXA'a'ch – 'Sẁn Sy'n Galw
Pobl o Bell') daeth yr iaith hon
a siaredid yn Alasga i ben.

Eyac Ayapaneco/Nuumte Oote Gaagudju Lifonaeg Beothuc Norn Eodbur Inao-Portiwgaeg

MARIE SMITH JONES

udAch' k'uqAXA'a'ch

1918–2008

Arferai fy chwaer a minnau siarad bob dydd.
Bydden ni'n cwrdd, pe bai modd,
Neu'n siarad ar y ffôn yn ddi-ffael,
Ac yn rhoi'r byd yn ei le.
Trafodem fy ngwaith i,
Ein plant ni.
Cyfnewidiem ryseitiau
A chydweithiem ar ein carthenni.
Roedd ganddi hi dipyn o ddeunydd ar gyfer ei charthen hi
Cyn i mi ddod i'r byd.
Cofnodem bob plentyn, pob cynhebrwng a phriodas,
Pob dathliad a phob trychineb,
Pob cartref, pob ceffyl, pob anifail anwes.
Cofiem hefyd ein hynafiaid, a'r hen chwedlau.
Darluniem fleiddiaid, eirth, llewod y mynydd,
A'r hen gerddi a'r caneuon,
Hyd y gallem gofio.
Yna, daeth carthen fy chwaer i ben,
Ar ei chanol.

A nawr mae 'ngharthen
Wedi tyfu'n feithach ac yn helaethach
Ac mae'r holl ddeunydd ychwanegol hyn
Sydd wedi dod i'm rhan
Yn ddirgelwch.
Beth yw ei ystyr?

Trueni nad oes modd i mi ddadlapio gweddill
Carthen fy nyfodol a'i lledaenu ar hyd y llawr
A gweld sawl stori eto sydd i gael eu gweithio
I mewn i'w brethyn.
Efallai y cawn fy siomi, fy nychryn
Gan brinder y deunydd,
Neu ynteu y cawn ei gweld yn ymestyn
Yn bell eto o fy mlaen.

Yn naturiol, yn iaith Mam, iaith Mam-gu
Y clebrem, fy chwaer a finnau, wrth weithio'n carthenni,
Ac, o, mor gartrefol oedd hi.
Fe lapiai'r hen ffordd o siarad ac o feddwl
Amdanom fel siôl fawr gynnes, feddal.

Mae carthen fy ngorffennol bellach yn ddigon o drwch
Ac er bod lluniau naw o blant ynddi,
Ni lwyddais i draddodi iaith Mam-gu, iaith Mam, iaith fy chwaer
I'r un ohonyn nhw, er mawr cywilydd i mi nawr.

Efallai taw diben y blynyddoedd atodiadol hyn
Yw i mi barhau i weithio ar fy ngharthen
Hyd yn oed gyda fy nwylo gwyneglyd
A'm llais bach cryg,
Sŵn sydd yn gallu galw ar bobl o bell.

Ayapaneco/
Nuumte Oote

Manuel Segovia ac Isidro Velazquez oedd siaradwyr olaf Ayapaneco/Nuumte Oote ym Mecsico. Er eu bod yn byw o fewn milltir i'w gilydd yn Ayapa yn nhalaith Tabasco, doedd 'dim Cymraeg' rhyngddyn nhw. Darllenais am nifer o enghreifftiau lle nad oedd 'Cymraeg' rhwng pâr o siaradwyr olaf nes i mi ddechrau amau taw rhyw fath o chwedl werin fodern oedd hyn. Ond gwelais fod digon o dystiolaeth ynghylch yr anghytundeb rhwng Segovia a Velazquez. Deallaf fod cymod neu gadoediad wedi'i ffurfio rhyngddynt yn ddiweddar. Ni wn beth oedd asgwrn y gynnen.

Ayapaneco/Nuumte Oote Gaagudiu Lifonaeg Beothuc Norn Eodhin Ihao-Portiwgaeg Creol

ASGWRN Y GYNNEN
MANUEL SEGOVIA AC ISIDRO VELAZQUEZ

Yn un peth dyw e ddim yn dweud 'cyfarfod'
Ond 'cwarfod',
Ac mae'n mynnu dweud 'gafrod'
Yn lle 'geifr'.
Nawr, pan fo anghytundeb rhyngom
Does neb arall ar gael i dorri'r ddadl,
Dim hynafgwr
A allai weithredu fel canolwr.
Nyni yw'r hynafgwyr nawr.
Myfi ac efe.

Ond, myfi sy'n iawn bob tro.
'Ti'n ormod o burydd,' meddai fe.
'Dwyt ti ddim digon o burydd,' meddwn innau.
Byddai fe'n gadael i'r iaith fynd yn rhacs.
Mae'i agwedd tuag at ei chadwraeth yn llac.

Mae popeth, felly, yn dibynnu arnaf i o hyn ymlaen.
A wna i ddim cyfaddawdu. Dim gobaith.
Wna i ddim siarad â'r bobl ifainc mewn cymysgedd
                                    o hen iaith
Ein tadau a Sbaeneg,
Na recordio fy llais ar dâp neu ffilm. Technoleg!

Does 'da fi gynnig
I'r ffordd newydd o gadw pethau. Beth am draddodiad
A'r cof?
Yn yr hen ganeuon a'r storïau
Y mae ein hanes a'n cyfrinachau.

Wedi dweud hyn i gyd
Rhaid i mi gofio'i fod e yn iau na mi o dair blynedd
A'i fod fel y gneuen.
Mae'n beth rhyfedd,
Ond o bryd i'w gilydd
Rwy'n ei chael hi'n anodd
Galw ambell hen air yn ôl.
Ond af i ddim ato fe i ofyn
Beth yw'r gair am hyn a'r llall,
Basa fe'n chwerthin
Yn fy wyneb ac yn dweud,
"Na fe, ti ddim yn gwybod
Pob peth, wedi'r cyfan!'

Gaagudju

Ayapaneco/Nuumte Oote

Eyac

Shuadit

Mohegan-Pequot

Dalmatieg

Cupeno

Gaagudju

Un o ieithoedd Tiriogaeth
y Gogledd yn Awstralia
oedd hon. Big Bill Neidjie
(1920–2002) oedd ei
siaradwr olaf.

Mae yna werthoedd amgenach
Na'r rhai materol:
Cyfoeth, Casglu a Chadw;
Hynafiaid yn y tirlun yn huno,
Perthynas ogof ac ysbryd,
Cydeneidrwydd dyn a dingo,
Athroniaeth sefyll ar y naill goes,
Cydblethiad creigiau a hanes,
Dirgelwch a chyfrinachedd y tywydd,
Dawnsiau'r adar a chwaraeon y pryfed,
Gogoniant a gwyddor sêr.
Pwy all amgyffred daearyddiaeth teimladau?
A oes modd cyfleu'r rhwydwaith cordeddog
Hwn o gysylltiadau ac o atseiniadau
Fel y'm cyneddfwyd â hwy
Gan ddewiniaeth cyndeidiau?
Ac os oes yw'r ateb,
Ym mha iaith ond ein hiaith ni
Y gellir gwneud hynny?

Lifonaeg
Gaagudju
Nuumte Oote
Ayapaneco/Nuumte Oote
Eyac
Shuadit
Mohegan-Pequot
Dalmatieg

Lifonaeg

Iaith a siaredid yn Latfia ac ar
hyd arfordir Lifonia oedd yr iaith
Ffinnaidd hon.Viktors Bertholds
(bu farw yn 2009) a'i gyfnither
Grizelda Kristiņa (1910–2013)
oedd y siaradwyr olaf. Roedd
Grizelda yn byw yng Nghanada
a hi oedd yr olaf a allai siarad
yr iaith yn rhugl. Mae'r iaith
yn cael ei hatgyfodi nawr.

VIKTORS BERTHOLDS

1921–2009

Annwyl Grizelda,
   Gyda thristwch mawr y cleddais fy mrawd
   Bythefnos yn ôl, mor fuan ar ôl daeariad
   Lwdmila fy ngwraig annwyl,
   A chyda nhw y daeth i ben
   Bob cyfle i ddefnyddio'r iaith bob dydd.
   Clywais fod Klavin wedi mynd,
   Dyn diwylliedig iawn,
   A bod Vaalgamaa, ac yntau'n ŵr llên,
   Wedi'n rhagflaenu ni hefyd.
   Mor drist, mor ofnadwy o drist.
   Wyt ti'n cofio'r diwrnod cyntaf yn yr ysgol, Grizelda?
   Nid oedden ni'n deall gair o'u hiaith,
   Wa'th yr hen iaith yn unig
   Oedd gan ein teulu a phob un yn y gymdogaeth.
   Mae'n anodd credu nawr
   Taw fel'na oedd hi ddoe,
   On'd yw hi, Grizelda?
   Cofiaf fy mrawd yn gadael y pentre,
   Yn llanc ifanc aeth i'r ddinas
   I wneud ei ffortiwn,
   A phan ddychwelodd heb geiniog
   Roedd popeth, meddai, wedi newid.
   Diflanasai'r hen gymuned.

Prin ei fod yn nabod
Yr hen le, er mawr syndod
Iddo ef. 'Heb elyn a heb frwydr
Fe'n concrwyd,'
Meddai. Newidiasai'r fro i gyd.
'Fe'n concritiwyd,'
Meddai. 'Nac ydyn,'
Meddai ein cyfoedion,
'Dydyn ni ddim yn siarad yr iaith gyda'n plant.'
Ond glynodd rhai ohonom
Wrth yr hen ffordd o fyw
Ac o siarad. Yn gyndyn
I gydymffurfio,
Er gwaetha'n diffyg statws
Ym mro ein mebyd.
Dywedais wrth Lwdmila sawl gwaith,
'Wna i ddim cyfaddawdu.'
A wnes i ddim, naddo, Grizelda?
Ac fel athro fe ddysgais yr iaith
I rai a chanddynt ddiddordeb.
Ond mae'n drist,
Anhraethol o drist,
Taw nyni yw'r rhai olaf.
Nid yw un yn gymuned.

Beothuc

Siaredid yr iaith hon gan frodorion Newfoundland, Canada. Shanawdithit (1801–1829) oedd cynrychiolydd olaf y llwyth a'r iaith. Dilëwyd ei theulu drwy gyfuniad o newyn, heintiau a chreulondeb. Ychydig a wyddys am ei phobl a'i hiaith ac eithrio'r hyn a gofnodwyd ganddi hi.

Beothuc Norn Cochin Indo-Portiwgaeg Creol Manaweg Cernyweg Ubych Yana Cupeño

SHANAWDITHIT

1801–1829

Cymerwyd ein tir ni i gyd
Bob yn damaid,
Ein byd
Gan rai a'n cyhuddodd wedyn
O fod yn lladron.
Cymerwyd fy llwyth,
Fy nhylwyth,
A'm hiechyd,
A chefais fy nhrin fel troseddwr.
Do, fe brofais beth caredigrwydd
Gan un neu ddau o'r rhai wyneplwyd,
Ond, efallai, gellid maddau i mi am fagu amheuon
Yn eu cylch ers i mi gael fy saethu fel anifail gwyllt,
Ac mae gweld eich cartref yn cael ei losgi'n ulw
Ond yn ennyn ansicrwydd,
Ac mae gweld eich modryb ifanc yn cael ei chipio
Yn plannu hedyn drwgdybiaeth dan eich bron,
Lle mae'n taro gwreiddiau ac yn tyfu'n goeden
Sy'n pesychu dail gwaedlyd.

Serch hynny, er gwaetha'r
Ofn a'r dicter
Sy'n rhuo'n rhaeadr ffyrnig drwy fy nghalon,
Dyma fi'n byw yn awr ymhlith y bobl hyn,
Ac mae un ohonyn nhw,
Yn ei ymdrech i'm cael i siarad eu hiaith nhw,
Yr hyn nad wyf i'n awyddus i'w wneud,
Yn f'annog bob dydd i gofio –
Heb yn wybod taw dyna'r unig beth rwy'n gallu'i wneud –
Cofio'n geiriau a'n ffordd o fyw,
A thynnu lluniau.
Gwnaf hyn yn llawen drwy'r dydd.
Ond llais tad,
Llaw mam,
Gwallt du chwaer
Wrth iddi droi'i phen:
Dyma bethau nad oes modd eu darlunio,
Er nad oes perygl imi anghofio.
Dyma'r pethau rwyf yn eu cadw dan glo,
Yn ddiogel, allan o gyrraedd y bobl hyn,
Yn saff yn fy mhen.

Norn

Ayapaneco/Ñuumte Oote Gaagudju Lifonaeg Beothuc Norn

an-Pequot Shuadit Eyac

Norn

Iaith Ogledd-Almaenig a
siaredid ar ynysoedd Orkney a
Shetland ac yn Caithness oedd
hon. Trigai Walter Sutherland,
ei siaradwr olaf, yn yr annedd
fwya gogleddol ym Mhrydain.

WALTER SUTHERLAND,

bu farw *c*.1850

Maen nhw'n dweud taw'r tŷ hwn
Yw'r mwyaf gogleddol.
A'r mwyaf pellennig hefyd, medden nhw, diarffordd.
Pell o ba le? On'd wyf i yma yn barod?
Nid wyf i ar fy ffordd i unman arall.
Dyma fy nghartref,
Canolbwynt creiddiol fy myd.

Amser maith yn ôl, yn fy mhlentyndod,
Teithiem i'r ynysoedd eraill mewn cychod
Dros y môr. Ac weithiau aem mor bell
Â'r tir mawr, dieithr ac estron,
Lle siaradai pobl iaith wahanol
I'n hiaith gynefin a chartrefol,
Iaith beibl a phregethwr ac ysgol.

Roeddwn i'n ddeuddeg oed
Y tro cyntaf i mi osod troed
Ar y tir mawr.
Wrth gwrs, mae'r tir
Yn dal i fod yn bell,
Eto i gyd caf i'r teimlad
Iddo symud yn nes

Gan fod pawb nawr yn siarad
Iaith y pregethwr ar yr ynys
Hon a'r ynysoedd cyfagos,
Reit lan i garreg y drws.

Yna fe ddaeth i mewn.
Nid yw'r wraig na'r plant
Yn deall gair o iaith
Mam a 'Nhad.
Mae'n beth od
Cael eich geni mewn lle bach penodol,
A ninnau i gyd
Yn cael ein geni mewn rhyw fan
Neu'i gilydd, yn anorfod.
A dyna, debygwn,
Wir ystyr tynged.
Ac yma y'm ganed,
Yn y tŷ mwya pell
I'r gogledd,
Medden nhw,
Er bod f'enw,
Yn ôl yr hyn rwyf i'n ddeall,
Yn golygu 'deheudir'.

Cochin indo-Portwgaeg Creol neu Vypin indo-Portwgaeg Creol

Siaredid yr iaith hon ar arfordir Malabar yr India a chan rai teuluoedd Cristnogol ar ynys Vypeen yn ninas Cochin yn nhalaith Kerala. William Rozario, a fu farw yn 2010, oedd ei siaradwr olaf.

Cochin indo-Portwgaeg Creol Manaweg Cernyweg Ubych Yana Cupero Dalmatieg Moh

WILLIAM ROZARIO
1923–2010

Cefais waith cysgu.
Syrffedais ar fwstwr y wraig yn chwyrnu,
Yn Saesneg, wrth gwrs.
Felly, dyma fi'n cwnnu yn blygeiniol
Ac yn mynd am dro yn y goedwig gyfagos
Gan gerdded i mewn i'r dydd
Wrth i'r wawr, bob yn belydryn,
Ddiosg gŵn y nos.
Hydreiddid y canghennau gan leufer y bore
Ac ymddangosai'r coed
A gusanwyd gan farrug
Yn aur, yn gopr, yn frons.
Canai'r adar eu deffroad
Ac ymestyn eu hadenydd;
Clywid sŵn ymystwyrian
Creaduriaid ysgafnbawen;
Rhedai'r ast o fy mlaen,
Dadansoddai'i ffroenau doreth o arogleuon.

Yr adeg yma o'r flwyddyn
Yn anochel mae dyn yn hel atgofion
Ac yn hiraethu am anwyliaid,
Ac am y gwyliau a'r partïon,
Pan genid y gitâr, y fiolin a'r harmoniwm
Mewn cytgord â'r hen ganeuon.

Manaweg

Cochin Indo-Portiwgaeg Creol

Norn

Beothuc

Ljonaeg

Gaeloleg

Nuumte Oote

Hupaneo/Nuumte Oote

Manaweg

Cernyweg

Ubych

Yana

Cupeño

Dalmatieg

Mohegan-Pequot

Shuadit

Eyac

Gwn fod y Fanaweg wedi cael ei hatgyfodi gyda chryn lwyddiant yn ddiweddar, ac yn wir, maentumiai rhai na fu iddi farw gyda Ned Maddrell o gwbl. Ond credaf ei bod yn deg dweud iddi ddod i ben fel iaith draddodiadol gymunedol gyda chriw o hen bobl rhwng pumdegau a saithdegau'r ugeinfed ganrif. Dyma felly enghraifft o iaith yn trengi, fel petai, o flaen ein llygaid ac o fewn Ynysoedd Prydain.

Prin, hyd y gwelaf i, yw'r wybodaeth am fywydau ac am bersonoliaethau'r siaradwyr olaf, felly, fy nychymyg a'm dyfaliadau i sydd ar waith yn y cerddi hyn. Go brin y byddai'r rhain wedi arddel yr iaith gydag eneiniad. Erbyn arolwg Kenneth Hurlstone Jackson yn 1950–1 doedd ond deg â gwybodaeth o'r iaith, a dywedodd amdanynt, 'all have long ceased to use Manx as their daily medium of intercourse, mostly for many years.' Mae'n bosibl hefyd taw dim ond ar derfyn eu bywydau y bu iddynt amgyffred pwysigrwydd yr iaith. Synhwyraf taw dyna'r gwir yn achos Ned Maddrell. Serch hynny, yn y darluniau ffantasïol hyn, rwyf wedi priodoli i bob un ohonynt deimladau serchus tuag at yr iaith.

Ni chynhwysais leisiau'r deg ar restr Jackson yn y cylch o gerddi gan fy mod yn dychmygu'r sefyllfa ychydig ymhellach ymlaen ac yn nes at y diwedd. Bydd natur ddyfeisiedig a dychmygus y darnau hyn yn siŵr o fradychu f'anwybodaeth am yr ynys a'i thrigolion i'r sawl sydd yn wirioneddol gyfarwydd â hi. Ymddiheuriadau llaes iddyn nhw.

Un o gathod go iawn yr ynys yw hon,
Er bod cynffon 'da hi, fel y gwelwch chi.
Pe bai hi'n cael cathod bech ac un heb gynffon
Yn eu plith, byddwn i'n cadw honna.
Peidiwch â chwerthin
Ond pan ddaw hon i eistedd wrth y tân gyda'r nos
Bydda i'n dweud storïau wrthi –
Gwrach Glen Rushen, Jimi Traedsgwar,
Ac am y Taroo-Ushtey
Ac am y Moddey Dhoo,
Y ci mawr du a arferai fy nychryn yn blentyn,
Ac weithiau, caf yr argraff ei bod hi'n gwrando
Wrth iddi ddod ar f'arffed a chanu grwndi.

Arferai Mam neilltuo darn o deisen
Neu fara pan fyddai hi'n pobi,
Ar gyfer y tylwyth teg,
Er na fyddai hi byth yn eu henwi.

Fydda i ddim yn dweud storïau am y môr,
Ddim ers i'r mab gael ei larpio gan y tonnau,
Er bod rhai yn taeru bod cysylltiad cryf
Rhwng cathod a'r môr,
Ac yn ôl rhai, os oes cath ddu gartre
Chaiff neb o'r teulu foddi.
Wel, doedd dim cath 'da ni bryd 'ny.
Dyna pam, efallai.
Ond dwi ddim yn credu hynny.

Roedd gan fy mrawd gi ers talwm
A gollasai un o'i goesau,
Ond âi ar hyd y lle ar ei dair.
'Efe yw'r Manäwr gorau,' meddai 'Nhad.

TOMMY LEECE

Roedd hi'n wahanol i ni rywsut,
Yr hen Voirrey Kelly,
Ond roedd hi'n rhan o dirlun ein plentyndod.
Eisteddai wrth ddrws ei bwthyn bach
Drws nesa i'n cartre ninnau,
Hyd yn oed pan fyddai'r tywydd yn gas,
Eisteddai o fewn y drws.
Un swil ofnadwy oedd hi,
Gyda thro yn ei llygaid.
Gwell ganddi gwmni
Adar na phobl,
Galwai bob un wrth hen enwau'r ynys.
Ond roedd hi'n ddigon hoff ohonom ni blant bach,
Ac weithiau fe fyddai hi'n ein gwarchod
Pan âi Mam i'r dre gyda'r wyau
I wneud marchnad.
A byddai hi'n ein difyrru gyda'r hen ganeuon
Ac yn dweud storïau yn yr hen ffordd.

Ac fel'na y daethon ni i'w deall hi.
Roedd hi'n ddilysach
Ac yn ddaearolach
Na phobl y dyddiau 'ma.
Roedd hi'n dal i gerdded,
Er ei bod yn oedrannus,
Ac nid heb drafferth;
Wyddwn i ddim am neb
A fedrai gerdded
Mor bell.
Adwaenai bob llwybr ar yr ynys
Cystal â rhychau cefn ei dwylo.
Ond er ei bod yn gymharol gyfforddus
Yn ein cwmni ni
Doedd gynnig gyda hi i ddieithriaid,
Wa'th ni ddeallai ond ambell air,
A phe deuai rhywun at y drws
Gofynnai i ni siarad â nhw.

Mi wna i siarad â rhywun
Ac, yn wir, dwi'n siarad â phob un.
Does dim byd gwell 'da fi na chlebran
Am hyn a'r llall, am iechyd a'r tywydd.
Roedd yn well gan ambell un
O'r hen rai yr hen iaith,
Yn enwedig yr hen bysgotwyr
Ers talwm, pan own i'n grwtyn.
Chlywech chi ddim iaith arall ar y cychod
Ac yn yr iaith honno y cyfarchwn
Yr hen fois bob tro
Gyda thipyn o gymŵedd
Gan ofyn am y gwynecon.
Wa'th mae pob hen bysgotwr
Yn diodde gyda'r gwynecon.
Dwi'n cofio'r hen Neddy Beg Hom Ruy
A allai siarad am yn hir yn yr hen iaith
Gan gofio caneuon, gweddïau a storïau
Dirifedi. Does neb tebyg iddo i gael nawr.

Dwi'n dal i gwrdd â John Kneen am glonc
O bryd i'w gilydd, 'dyn ni'n gymdogion, t'wel,
Ac mae yntau'n ddyn diwylliedig
Sy'n gallu darllen yr hen iaith hyd yn oed.
Fe luniodd perthynas iddo lyfrau dysgedig
Am yr iaith, nid 'mod i wedi gallu darllen yr un.
Ac mae Eleanor Karran yn siarad â'i chath
Yn yr iaith ers iddi gladdu'i gŵr,
'Ti moyn lla'th?'
Mae rhai yn honni eu bod nhw'n deall pob gair,
Ond ddim yn gallu'i siarad,
"Run peth â'r gath,'
Meddwn i. Tynnu coes, t'wel.
Chwarae teg iddyn nhw,
Mae'n well na dim.
Ond dwi'n ddigon parod
I siarad yr iaith fawr hefyd.
Mwy o gyfle am glonc.

Maen nhw'n gweud bod y byd yn symud yn ei flaen
A bod rhaid i finnau symud gydag ef.
Ond dwn i ddim.
Un hen ffasiwn ydw i, aderyn drycin.
Dwi ddim yn gweld fawr o rinwedd
Yn yr awydd yma i ruthro i bob man,
Fel cath i gythraul ar frys i ddifancoll
Fel pob un heddi.
Mae 'da fi hiraeth am yr hen ffordd.

Y bore 'ma gwyliais haid o wyddau yn yr entrychion.
Ehedodd yr adar gan ffurfio blaen saeth,
Yn batrwm o gydymffurffiad dibersonoliaeth
Yn anelu am lefydd pellennig.
Aderyn yr ynys ydw i.
Y byd bach yw fy myd,
Nid y byd mawr pell i ffwrdd.
Wna i ddim newid.
Wna i byth gydymffurfio.

Cilia'r tonnau rhag y traeth
Fel y'm gadawyd gan frodorion mwyn yr ynys
A'u parabl tirion.
Prin yn awr yw'r rhai sy'n cofio
Eu dywediadau a'u storïau.
Ond gwnaf i gadw'r atgofion.
Safaf yma ar yr ynys,
Glynaf wrth ei glannau.
Dyma fy nghynefin.
Daw'r pwffingod yn ôl gan liniaru f'unigrwydd.

Fel mae'r cof yn cywasgu amser
Wrth inni edrych yn ôl.
Ond yn ein hieuenctid,
Mae'r dyfodol yn ymestyn o'n blaenau fel y môr
Yn amgylchu'r bae.
Nawr, yn fy henaint,
Wrth i mi bigo'r fwyaren hon
Does dim hyd o amser
Sydd i'w weld yn hir;
Ugain mlynedd,
Deugain mlynedd,
Mae'r cof yn distyllu pedwar ugain mlynedd
Fel ddoe
A gallaf weld fy mam yn pobi teisen
A theimlo'i ffedog
A gwynto'r gegin
A blasu'r mwyar
Yn toddi'n donnau o sudd chwerwfelys
Yn fy ngenau, yn rhagflas
O'r darten hirddisgwyliedig.

Ac â'r fwyaren â mi yn ôl
Gam ymhellach at yr helfa fwyar.
Y fi a'm brawd a'm chwiorydd
Yn twrio trwy'r mieri am y gorau
Heb deimlo'r pigau yn cnoi
Yn ein hawydd i gyrraedd y trysorau duon
Tywyll fel dyfnderoedd yr eigion
A'r rhai tewaf, llawnaf.
Dechreuem gyda basgedi gweigion
Ond fesul mwyaren
Cynyddai'n cnwd.
Ac felly o gynhaeaf mwyar i gynhaeaf
Fe gesglid ein blynyddoedd.
Ond nid oes pellter rhyngof
Heddi a'r diwrnod hwnnw.
Mae'r ferch yn dal i fod ynof.
A chofiaf
Air Mam am y ffrwythau,
A'r funud yma gwelaf
Y geiriau wedi'u sgrifennu'n glir
Yn nhywod traeth fy nghof.

NED MADDRELL

Ni ddeuai'r hen eiriau yn ôl iddo'n rhwydd bob tro,
Nid fel y llanw yn cofleidio'r traeth ar bwys ei fwthyn,
Eithr rhaid iddo daflu'r rhwyd yn bell
Dim ond i ddal ambell i sgadenyn bach.

Gwyddai yn ei ben taw ansylweddol oedd ei ynys
Ond yn ei galon fe dybiai taw hyhi oedd y cyfanfyd.
Onid oedd ei glannau o ddywediadau yn cynnwys pob peth?
Edrychai ei lygaid pŵl dros y môr aflonydd,

Enfawr a bygythiol. Ond meddyliai am byllau
A nentydd croyw'i fro. Glynai ambell i air
Fel llygad maharen wrth greigiau'i gof
Ond golchwyd eraill i ffwrdd gan heli'r byd.

Geiriau bach syml, caregog am y gwynt
A'r haul, clecs am y tywydd,
Glaw ar yr awel, a naws oer ynddi heno.
Ond fel tarth dros flynyddoedd maith ei fywyd

Diflannodd yr hen rai y gallai gyfnewid
Y cymŵedd cyfarwydd hyn gyda nhw
Yn ei fodrybiaith.* Ac yn rhyfedd,
Nid mewn ogof y sibrydodd ei gyfrinach

Eithr i glust blastig rhyw declyn o drobwll
Ac wrth un o'r newydd-ddyfodiaid, dieithryn
A gasglai hen eiriau fel cregyn traeth
Na welai'i gymdogion ynddynt unrhyw ddiben.

Fe ymddengys taw gan ei fodryb
y dysgodd Ned Maddrell y Fanaweg.